I0826749

9 Poems about Poland

....

9 wierszy o Polsce

9 Poems about Poland | *9 wierszy o Polsce*
by Jack J. B. Hutchens ©2021
Published by Modern Barbarian Press, Champaign, Illinois and Poznań, Poland

Acknowledgments: "No one Grabs a Button when they see a Chimney Sweep" first published in *Aurora*; "Warsaw" first published in *Sisyphus*; "The Train to Kraków" first published in *There/Here*
modernbarbarianpress.com

Cover art: "Rainbow over the Citadel" | "Tęcza nad Cytadelą"
by John Kolar

ISBN 13: 978-0-9791236-5-8

Table of Contents

Poland in Winter.....6
No One Grabs a Button When They See a Chimney Sweep.....8
Warsaw.....10
Oh, Polish Mind, have You already Awakened.....12
The Train to Kraków.....14
All Saints.....16
Golem.....18
On the Polish Defense of Kamenets, 1690.....20
In Autumn.....22

Spis treści

Polska zimą.....7
Nikt nie chwyta za guzik, gdy widzi kominiarza.....9
Warszawa.....11
[O Myśli Polska, czyliś już Ockniona].....13
Pociąg do Krakowa.....15
Wszystkich Świętych.....17
Golem.....19
Na ekspedycją polską pod Kamieniec 1690.....21
W jesieni.....23

Poland in Winter

in winter
shadows are never
short here
they start long

and only lengthen

into the dark Baltic evening

the red of the sunrise
is the same
red of the sunset

light peeks over
the southern horizon

just long enough
to make out

a clipped day
filled briefly
with that hollow
sound of dusk
when muted lazy echoes

barely ricochet

off empty streets

Polska zimą

zimą
tutaj cienie nigdy
nie są krótkie
zaczynają się długie

i wydłużają się aż

do ciemnego wieczoru bałtyckiego

czerwień wschodu słońca
jest taka sama
czerwień zachodu słońca

światło zagląda za
południowy horyzont

dość długo
by zobaczyć

przycięty dzień
krótko wypełniony
tym pustym
dźwiękiem zmierzchu
kiedy stłumione, leniwe echa

ledwie odbijają się

od pustych ulic

No One Grabs a Button When They see a Chimney Sweep

-Nie pytaj starego, pytaj bywałego
Polish proverb

I have to wonder if filthy pigeons are still the souls of knights
forgotten by their king.
Or if the future still depends on whether you can stand flat-footed,
back against a brick wall
that's slowly sinking at a 22-degree angle into the Vistula silt.
Would slick green frogs pay attention anymore to a fiddler
strumming hypnotic tunes?
Would anyone be surprised by a gold duck droning on about money?

No one grabs a button when they see a chimney sweep these days.
It's a bad omen when, in a land of myths, old wives' tales
begin losing their power and legends stop being true.

In blue-painted villages, ancient wishing wells are drying up
with desperate longing for randomly tossed copper coins.
The deep granite mountains are empty of sleeping heroes.
The wizard on the moon already sold out for a modern three-
bedroom.
Dwarves can no longer be bothered to play tricks on tourists.
Barely anyone bats an eye now when storks fly overhead;
their grand nests have become more of a nuisance than a blessing.
The mermaid left town down river long ago, and they keep forgetting
to add propane to the fire-breathing dragon.

Nikt nie chwyta za guzik, gdy widzi kominiarza

-Nie pytaj starego, pytaj bywałego
Polskie przysłowie

Ciekawe, czy brudne gołębie to nadal rycerzy zapomnianych przez swojego króla.
A czy twoja przyszłość nadal zależy od tego, czy potrafisz stać opierając się plecami
o ceglany mur, który powoli zapada się pod kątem 22 stopni w wiślany muł.
Czy śliskie zielone żaby zwróciłyby uwagę na skrzypka grającego hipnotyzującą melodię?
Czy złota kaczka, która ciągle ględzi o pieniądzach, kogoś jeszcze zaskoczy?

Dziś nikt nie chwyta za guzik, gdy widzi kominiarza.
To zła wróżba, gdy w krainie mitów, stare bajki
zaczynają tracić swoją moc, a legendy przestają być prawdziwe.

W pomalowanych na niebiesko wioskach, starożytne studnie życzeń wysychają
z rozpaczliwą tęsknotą za przypadkowo rzuconymi groszami.
W głębokich granitowych górach już nie ma żadnych śpiących bohaterów.
Czarodziej na księżycu sprzedał się za nowoczesne czteropokojowe mieszkanie.
Krasnoludy nie mogą się już trudzić, by płatać turystom figle.
Mało kto mruga okiem, gdy nad głowami przelatują bociany
ich wielkie gniazda stały się bardziej utrapieniem niż błogosławieństwem.
Syrena opuściła miasto w dół rzeki dawno temu, a ciągle się zapomina
o dodaniu propanu do ziejącego ogniem smoka.

Warsaw

for Jerzy Nasierowski

this city does not easily lend itself to poetry
in the meat and brick of all its history
Warsaw looms over the Polish sky
defiantly grey and proud

the ghosts of heroes and villains and victims
all tend to forget the deep charred lines between them
their palimpsest of blood blending into a thin film

a wide cement crust hides
very few secrets these days

often, I think back to the first time I stumbled
onto Nowy Świat awash in late Spring sunlight
airy chatter of pedestrians echoing off glass shopfronts
their soft footfalls on the cobblestone
heading towards the triumph of Old Town

their city has turned into a defiant poem
about soot-filled skies clearing
blue waters washing away history's muck
and new pages filled in the book of the living

Warszawa

dla Jerzego Nasierowskiego

to miasto nie nadaje się do poezji
w mięsie i cegle swej historii
Warszawa góruje nad polskim niebem
wyzywająco szara i dumna

duchy bohaterów, złoczyńców i ofiar
już zapomniały o głębokich, zwęglonych liniach między nimi
ich palimpsest krwi zlewa się w cienką warstwę

szeroka cementowa skorupa
już nie kryje wielu tajemnic

często wracam myślami do pierwszego razu, kiedy trafiłem
na Nowy Świat skąpany w późnowiosennym słońcu
zwiewne rozmowy przechodniów odbijające się echem
od szklanych witryn sklepowych, ich miękkie kroki na bruku
zmierzają ku triumfowi Starego Miasta

ich miasto zmieniło się w wyzywający poemat
o oczyszczającym się niebie pełnym sadzy
błękitnych wodach zmywających historyczny gnój
i nowych stronach wypełnionych w księdze żywych

Oh, Polish Mind, have You already Awakened

Oh, Polish mind, have you already awakened,
weren't you once so fiery and radiant
that from the mere breath of a spirit
you arose like a hundred-armed titan?
Or are you only a longed-for dream,
a moment of comfort over the water of the well,
a rare oasis in uncultured deserts
for those camels that carry your burdens,
useful on the journey only for their strength,
but in drought have their insides opened up
so as to drink from their humps as from a spring?
Do your treasures remain undiscovered,
or were they simply destroyed long ago,
your pearls picked out through a thick sieve,
in a land overgrown with weeds, no flowers;
or will we find, somewhere in the depths of waters,
a pearl of great wisdom blinding us
with illusions in bright rays of sunlight
hiding the rivers of filth and grime that cover it?

By Stanisław Wyspiański, April 12, 1905, Kraków
Translated by Jack J. B. Hutchens, Poznań 2021

[O Myśli Polska, czyliś już Ocknione]

O myśli polska, czyliś już ockniona,
czyliś była kiedy dość płomienną,
i jednym ducha tchem rozpromieniona
zdążyła siłą stać się sturamienną - ?
Czyliś jest tylko, jak sen, upragniona,
chwilą krzepiącą nad wodą studzienną,
oazą skąpą na pustyniach sztuki
dla tych wielbłądów, co niosą twe juki,
użytych w podróż dla wytrzymałości,
by w czas posuchy pruto im wnętrzności
i napój z toreb ich, jak źródeł, pito - ?
Czyli twych skarbów jeszcze nie odkryto,
czy je rozbito już przed lat stuleciem
i siano perły twe przez gęste sito,
że ziemie chwastem zarosły, nie kwieciem;
że przeto chyba gdzieś na wód głębinie
znajdzie się perła-myśl o wielkim czynie,
w promieniach słońca da oczom dzień złudy,
by ją pokryły rzek męty i brudy - ?

12 kwietnia 1905
Stanisław Wyspiański
Kraków

The Train to Kraków

on the train we watch long red summer poppies
struggling down oil black railroad tracks

old grandmothers offer us cheese and butter
sandwiches behind toothy grins

you tell me it seems that the wheat fields
will never end and it reminds me of a poem

the grimy trains of Poland have come to feel
like home even more than your arms around me

somewhere through the window the sun moves
slower than I have ever seen

until the wheels screech to a halt like
a frightened girl as we pull in to Kraków

Pociąg do Krakowa

w pociągu oglądamy długo czerwone, letnie maki
zmagające się z czarnymi jak ropa torami kolejowymi

stare babcie ze szczerbatymi uśmiechami
oferują nam kanapki z serem i masłem

mówisz mi, że chyba nigdy pola pszenicy
się nie skończą i przypomina mi to wiersz

w brudnych polskich pociągach czuję się
jak w domu, nawet bardziej niż w twych ramionach

gdzieś za oknem słońce porusza się
wolniej niż kiedykolwiek wcześniej

dopóki koła nie zatrzymają się z piskiem niczym
przerażona dziewczyna, gdy wjeżdżamy do Krakowa

All Saints

> "Kto nie doznał goryczy ni razu,
> Ten nie dozna słodyczy w niebie."
> —Adam Mickiewicz, Dziady

Ancestor worship is nothing new.
Even long-dead pagans knew enough
to set out glorious feasts for the ghosts of loved ones
at least once a year, toasting to their good health one last time
before the book of the living was closed to them forever.

Some realized there is little difference between the seen and unseen.
That the pellucid line drifting tentatively between the two worlds
was never enough to stop quick and dead from mingling.
One had to be careful on certain nights to not cross paths
with a trickster's crass spirit hell-bent on mischief.

There are others who understood that the deceased turn into gods,
one soul racing to Heaven, the other remaining on Earth
to begin a new life within stone tablets riding atop
the golden shell of a gargantuan tortoise.

And even here, in a land of stern priests and genuflective grandmothers,
where there is no question about the correct way of doing things,
they have made a cottage industry out of the candle wax
melted over the well-kept tombs of family and friends.
They have not yet forgotten the importance of maintaining the flames
of ancient cold lights that lead the way home for the dead.

Wszystkich Świętych

"Kto nie doznał goryczy ni razu,
Ten nie dozna słodyczy w niebie."
—Adam Mickiewicz, *Dziady*

Kult przodków nie jest niczym nowym.
Nawet dawno zmarli poganie wiedzieli wystarczająco dużo,
by przynajmniej raz w roku wyprawiać huczne uczty
dla duchów bliskich, wznosząc toasty za ich zdrowie po raz ostatni,
zanim księga żywych została dla nich zamknięta na zawsze.

Niektórzy zdali sobie sprawę, że mała jest różnica między widzialnym a niewidzialnym.
Że przeroczysta linia dryfująca nieśmiało między tymi dwoma światami
nigdy nie wystarczyła, by powstrzymać żywych i martwych przed przenikaniem się.
W niektóre noce trzeba było uważać, by nie napotkać
bezczelnego ducha psotnika, piekielnie chętnego do figli.

Są też tacy, którzy rozumieli, że zmarli zamieniają się w bogów,
jedna dusza biegnie do nieba, druga pozostaje na ziemi,
by rozpocząć nowe życie pośród kamiennych tablic, jeżdżąc na szczycie
złotej skorupy ogromnego żółwia.

I nawet tutaj, w kraju surowych kapłanów i genufleksyjnych babć,
gdzie nie ma wątpliwości co do właściwego sposobu postępowania,
oni zrobili chałupnictwo z wosku świec
roztopionego nad dobrze utrzymanymi grobami rodziny i przyjaciół.
Jeszcze nie zapomnieli, jak ważne jest podtrzymywanie płomieni
starożytnych zimnych świateł, które prowadzą zmarłych do domu.

Golem

once the mark of divinity is etched across the forehead
the belly immediately begins filling with dark bile
the liver glows red opening stiff veins with sanguine elasticity
while the chest cavity turns hot in white pulsating flame
and a spine of stainless-steel bends in on itself in tender agony

the rushing pain of life is marked by an ooze of yellow humors
after an indignant soul, ripped blindly from innocent leisure
is pulled into skin, tight like a beast imprisoned in the joy of meat

damp pale eyes lazily slide open searching for cognition
but of course, the mind remains detached drifting indistinctly over
the body
in some manner the philosophers never bothered to define properly

I wonder if this is how we are all thrown into the world
despite our vague objections against surrendering paradise
for a carnal existence devoid of essence or identity
a disastrous nativity out of the clay and mud of everyday turmoil

Golem

gdy tylko znak boskości zostaje wyryty na czole
brzuch natychmiast zaczyna wypełniać się ciemną żółcią
wątroba jarzy się czerwienią, otwierając sztywne żyły z sangwiniczną
    elastycznością
podczas gdy jama klatki piersiowej rozgrzewa się białym pulsującym
    płomieniem
a kręgosłup ze stali nierdzewnej wygina się w delikatnej agonii

pędzący ból życia naznaczony jest maźnięciem żółtych humorów
po tym, jak oburzona dusza, wyrwana na oślep z niewinnego
    wypoczynku
zostaje wciągnięta w skórę, ciasną jak bestia uwięziona w rozkoszy
    mięsa

wilgotne blade oczy leniwie przesuwają się w poszukiwaniu poznania
ale oczywiście umysł pozostaje oderwany, dryfując niewyraźnie nad
    ciałem
w jakiś sposób, którego definicją filozofowie nigdy się nie
    przejmowali

zastanawiam się, czy właśnie tak wszyscy zostajemy rzuceni w świat
pomimo naszych niejasnych obiekcji przeciwko rezygnacji z raju
na rzecz cielesnej egzystencji pozbawionej istoty czy tożsamości
katastrofalne narodziny z gliny i błota codziennego zgiełku

On the Polish Defense of Kamenets, 1690

And where are the Poles gone? Nowhere close by
for a spyglass to see. Mayhap to Kamenets market, to buy
up Tatar horses and prisoners ransom? I can think of nothing
else. My God! Are we saving some and others leaving?
An old prisoner sits in new chains, while others, oh, shame!
are converting to Islam. The Turks already have no hay,
nor wood, nor straw, they have few horses left,
and are even now hurriedly taking down their tents:
they need fuel to burn in the cold, places to hide
their horses in camp. And yet our ploughmen die
of hunger, naked, scrawny; there is no more money
in Poland, no horses, no people: after all, the weary army
is led off like hounds after hares to Podole each year,
while our millions must in that wilderness chase down deer.
It is now six years of this, it is time to stop: you do not know
whether it is best to pay the soldier with copper, though
it is nearly run out, or for silver ransom prisoners to the Turks,
though worth little in Poland. Kazimierz knows not how it works:
no idea of money at all; the last coin will be worth less than sand,
and the war simply cease with no more enlisted men.
What shall I do? it cannot be otherwise; if anyone asked me,
I would say, let it be as in old Rome. Stop, pen, take your leave!
It is not for you to improve the Polish custom:
even though both the land and the people worsen
year by year, you should rather die than by speaking
harsh truths that could help the country in improving.

by Wacław Potocki
Translated by Jack J. B. Hutchens

Na ekspedycją polską pod Kamieniec 1690

A dokądże Polacy? znać, że gdzieś nieblisko
Z tak wielkim aparatem, czy na targowisko
Pod Kamieniec, zabrane żeby tak rok konie
I ludzie od Tatarów wykupować? bo nie
Po co inszego pewnie. Przebóg, cóż czynicie?
Jednych wykupujecie, drugich prowadzicie?
Zasiada stary więzień nowego kajdany;
Drudzy, o hańbo! trzebią się na bisurmany.
Już też Turkom nie stało drew, siana i słomy,
Koni o małe mają, rozbierają domy:
Trzeba im, żeby mieli czym palić na mrozie,
Konie chować, nawiózszy zostawić w obozie.
Umierają oracze głodem, nadzy, chudzi;
Nie masz w Polszcze pieniędzy, nie masz koni, ludzi:
Przecie, jakoby z charty na zające w pole,
Co rok znużone wojsko prowadzim w Podole;
Utłuklić też jelenia, prawda, w tamtej dziczy
Za nasze milijony; więcej nic zdobyczy.
Już szósty rok igracie, czas by też statkować:
Nie wiedzieć, czy wprzód więźniów Turkom okupować
Srebrem, którego się już mało w Polszcze warta,
Czy żołnierzowi miedzią płacić, choć wytarta.
Mało co Kaźmierzowi już znać nosa między
Oczyma: niepodobne cale do pieniędzy;
Ostatek się na piasek pokruszy szelągów,
Że też i wojna musi ustać bez zaciągów.
Cóż czynić? inaczej być nie może; jeśli mię
Kto spyta: niech tak będzie, jako w starym Rzymie.
Stój, pióro, wara dalej! choć na samym kraju!
Nie twoja rzecz, polskiego poprawiać zwyczaju:
Chociaż i świat, i ludzie gorszy co rok prawie,
Zginąć z nią raczej, darmo mówić o poprawie.

by Wacław Potocki

In Autumn

Oh, silent, misty, Oh, sad autumn!
Already in my soul flows thy strange, dreamy charm,
clouds of forgotten shadows come,
yearning leads them sad and warm.
How much love, oh, how much loving
is the dead past from our hearts consuming,
from our poor hearts, from our hearts undone...

I close my eyes... Shadows, silent and pale
glide through the bleak rustle of leaves -
Like a cloud of light: along a memory they sail…
Oh, dead days! Oh, days! why do you leave?
What is left of you?... Ah! far away,
far away where you flow down the gray
and murky river, into silent wilderness through the vale…

by Kazimierz Przerwa-Tetmajer
Translated by Jack J. B. Hutchens

W jesieni

O cicha, mglista, o smutna jesieni!
Już w duszę czar twój dziwny, senny spływa,
przychodzą chmary zapomnianych cieni,
tęsknota wiedzie je smutna i tkliwa,
ileż miłości, och, ileż kochania
umarła przeszłość z naszych serc pochłania,
z naszych serc biednych, z naszych serc bezdeni...

Zamykam oczy... Blade ciche cienie
suną się w liści posępnym szeleście -
jak obłok światło: niesie je wspomnienie...
O dni umarłe! o dni! gdzież jesteście?...
co pozostało po was?... Ach! daleko,
daleko kędyś toczycie się rzeką
szarą i mętną w głąb puszcz i w milczenie...

by Kazimierz Przerwa-Tetmajer

Poznań Town Hall

"Golem" by David Černý
Poznań, Poland

Poznań Tram
Poznań, Poland

www.ingramcontent.com/pod-product-compliance
Lightning Source LLC
LaVergne TN
LVHW050612100826
845148LV00015B/3234

* 9 7 8 0 9 7 9 1 2 3 6 5 8 *